Wir erwarten von unseren Beziehungen mehr als je zuvor. Wir wollen Liebe, die ein Leben lang hält. Wir wollen nie endende Leidenschaft mit einem besonderen Menschen.

Wenn die Flamme der Leidenschaft erlischt, riskieren beide, Männer wie Frauen, eher den Schmerz einer Trennung als den Verlust von Gefühlen.

LEIDENSCHAFT LEBENDIG HALTEN

Tief im Innern spüren wir, dass
Leidenschaft in einer monogamen
Beziehung möglich ist, aber wir
sind nicht in der Lage, sie in
vollem Umfang zu erleben.

Allgemein lässt sich sagen, dass
sich ein Mann ganz auf die
Sexualität konzentriert, wenn
sein Bedürfnis nach Liebe und
Leidenschaft nicht befriedigt
wird, während sich eine Frau von
der Romantik gefangen nehmen
lässt.

Da Frauen von heute zunehmend in
der Lage sind, ihren eigenen
Lebensunterhalt zu bestreiten,
erwarten sie von ihrem Partner
mehr als nur einen Beitrag zur
Versorgung der Familie.

Wenn ihr Mann eine andere
Frau braucht, um Leidenschaft
zu erleben, zieht die moderne
Frau es vor, neu anzufangen –
mit einem anderen Mann, der sie
leidenschaftlich begehrt.

Sowohl bei Männern als auch bei
Frauen stellt eine Affäre letztlich
den Versuch dar, das Bedürfnis
nach Liebe zu befriedigen.

Auch wenn eine Affäre dieses
Bedürfnis befriedigen mag, so
entfernt sie uns doch immer
mehr von einer wirklich
erfüllenden Beziehung mit
unserem festen Partner.

Wenn einer der beiden Partner eine Affäre hat, ist die Möglichkeit, zusammen in leidenschaftlicher Liebe zu wachsen, stark eingeschränkt.

Eine Beziehung ist wie eine Investition. Wir geben unserem Partner etwas und hoffen, im Laufe der Zeit mehr und mehr zurückzubekommen.

LEIDENSCHAFT LEBENDIG HALTEN

Die Fähigkeit, verzeihen zu können,
ist eine starke Kraft und kann das
Band der Liebe für immer festigen.

Manchmal lernen Menschen erst
durch einen drohenden Verlust
das zu schätzen, was sie haben.
Manchmal müssen wir uns mit
dem möglichen Ende einer
Beziehung konfrontiert sehen,
bevor wir uns unserer tiefen
Liebe und unserer Sehnsucht nach
einem gemeinsamen Leben
bewusst werden.

365 LIEBEVOLLE ANREGUNGEN

Indem sie sich verzeihen und über die
erlittenen Verletzungen ernsthaft
miteinander reden, aber auch
durch den Willen, sich zu ändern,
sind manche Paare in der Lage,
in der Liebe ganz neu
anzufangen und größere
Leidenschaft und Intimität zu
erleben als je zuvor.

Gegenseitige Anziehung beruht
in erster Linie auf den
Unterschieden zwischen den
Partnern.

Wenn wir unsere Identität aufgeben müssen, um unserem Partner zu gefallen, wird die Leidenschaft schließlich erkalten. Indem wir versuchen, unsere Unterschiedlichkeit in Einklang zu bringen, ohne uns selbst verleugnen zu müssen, sorgen wir dafür, dass wir füreinander attraktiv bleiben.

Wenn wir darauf achten, einen
emotionalen Rollentausch zu
vermeiden, können wir die
Anziehungskraft erhalten, die wir
aufeinander ausüben.

Wenn die Leidenschaft erhalten
bleibt, wachsen mit der Zeit
auch die Neugier auf den
Partner und das Interesse
an ihm.

Mit dem zu arbeiten, was uns unterscheidet, ist eine Voraussetzung für das Fortbestehen der Leidenschaft.

Damit eine Frau sich dauerhaft zu einem Mann hingezogen fühlt, muss er mit seiner Männlichkeit in Kontakt sein und sie ausleben. Unterdrückt er jedoch um der Beziehung willen seine männliche Seite, wird sie ihn schließlich nicht mehr attraktiv finden.

Wenn eine Frau von heute sich nicht bewusst darum bemüht, ihre Weiblichkeit zu fördern, wird sie meist automatisch ihren männlichen Anteil ausleben und damit, ohne es zu wissen, nicht nur ihre Liebesbeziehungen, sondern auch ihre Beziehung zu sich selbst sabotieren.

LEIDENSCHAFT LEBENDIG HALTEN

Mit demselben Menschen zu leben,
kann mit der Zeit sehr langweilig
werden, wenn er sich nicht immer
wieder verändert. Offen für
Veränderungen zu bleiben, ist für
beide Ehepartner sehr wichtig.

Wenn man sein Lieblingslied
hundertmal hintereinander hört,
wird man seiner überdrüssig.
Ebenso kann uns auch unser
Partner langweilen, wenn er sich
nicht weiterentwickelt und
verändert.

So wie Kinder körperlich
größer werden, müssen wir als
Erwachsene auf emotionaler,
geistiger und spiritueller Ebene
wachsen.

LEIDENSCHAFT LEBENDIG HALTEN

Wenn eine Beziehung kein Wachstum
zulässt, beginnt die Leidenschaft
zwischen zwei Menschen zu
erkalten.

Veränderungen ergeben sich
automatisch, wenn eine
Beziehung uns hilft, uns selbst
treu zu sein.

Seinen Partner zu lieben, bedeutet nicht, ständig mit ihm zusammen zu sein.

Zu viel gemeinsam verbrachte Zeit kann einer Beziehung das Besondere und Geheimnisvolle nehmen. Wenn jeder seine eigenen Freunde und Aktivitäten hat, kann er immer wieder etwas Neues in die Beziehung einbringen.

Wenn eine Frau nicht die Sicherheit empfindet, über ihre Gefühle sprechen zu können, wird sie schließlich nichts mehr zu sagen haben. Gibt der Partner ihr die Sicherheit, offen sprechen zu können, ohne mit Ablehnung, Unterbrechungen oder Spott rechnen zu müssen, wird sie in der Beziehung aufblühen.

Eine Frau kann ihrem Partner im
Laufe der Zeit mehr Vertrauen und
Liebe entgegenbringen, wenn er
ein guter Zuhörer ist.

Wenn ein Mann lernt aktiv
zuzuhören, wie seine Partnerin
sich das wünscht, dann ist das
Zuhören und Sich-Austauschen
keine lästige Pflicht mehr,
sondern wird zu einem wichtigen
Ritual, das die Beziehung festigt.

Wenn die Bereitschaft zum Dialog
da ist, kann eine Frau sich
weiterentwickeln.

Wenn ein Mann in einer
Beziehung keine Wertschätzung
erfährt, hört er auf, sich
weiterzuentwickeln.

Es ist wichtig, gemeinsame
Unternehmungen einzuplanen.
Wenn ein Mann besondere Anlässe
schafft, bei denen die Frau aus
ihrem Alltagstrott herauskommt,
kann sie sich umsorgt fühlen.

Seine Zuwendung an diesen
Tagen befreit sie von dem
Gefühl, von den sich stets
wiederholenden Aufgaben des
Alltags überwältigt zu werden,
und gibt ihr die Bestätigung,
geliebt zu werden.

LEIDENSCHAFT LEBENDIG HALTEN

Einer der schlimmsten Feinde der Leidenschaft ist die Routine.

Auch wenn man sich mit seinem gewohnten Trott wohl fühlt, ist es hilfreich, von Zeit zu Zeit davon abzuweichen.

Auch die kleinste Anstrengung, gelegentlich aus dem Gewohnten auszubrechen, lohnt sich.

365 LIEBEVOLLE ANREGUNGEN

Die Leidenschaft in einer Beziehung
wird letztlich durch wachsende
Liebe lebendig erhalten.

Wenn zwei Menschen zusammen
leben, lachen, weinen, lernen
und ihre Liebe und Vertrauen
zueinander dadurch wächst,
bleibt die Leidenschaft erhalten.

LEIDENSCHAFT LEBENDIG HALTEN

Wenn wir nicht die Sicherheit empfinden, unsere Gefühle oder unsere Verletzlichkeit zeigen zu dürfen, verlieren wir rasch den Zugang zu unserer Leidenschaft.

Frauen haben ein großes Bedürfnis über ihre Gefühle zu sprechen und Gehör zu finden, wenn sie sich in einer Beziehung lebendig fühlen sollen. Männer hingegen müssen sich in ihrem Handeln anerkannt finden, wenn sie dazu bereit sein sollen, etwas für ihre Partnerin zu tun.

Wenn ein Mann nicht mehr den
zärtlichen Wunsch hat, seine
Partnerin zufrieden zu stellen,
werden seine zärtlichen Gefühle
automatisch unterdrückt.

Wenn eine Frau nicht mehr die
Sicherheit hat, über ihre Gefühle
sprechen zu können, beginnt
auch sie sich zu verschließen,
indem sie Gefühle unterdrückt.

Indem Mann und Frau intensiv
miteinander reden und sich ihre
gegenseitige Wertschätzung zeigen,
kann die Mauer unterdrückter
Gefühle langsam, aber sicher,
eingerissen werden, und Gefühle
können wieder in vollem
Umfang erlebt werden.

Damit wir nicht aufhören, Liebe
zu empfinden, müssen wir in der
Lage sein, etwas zu fühlen.

Wenn wir nicht die Liebe bekommen,
die wir brauchen, aber weiterhin
durch den Partner verletzbar
bleiben, empfinden wir Schmerz.

Erst wenn wir Wege finden, uns
in der Liebe das zu holen, was
wir brauchen, können wir
unseren Schmerz wirklich
heilen.

LEIDENSCHAFT LEBENDIG HALTEN

Indem wir Gefühle unterdrücken, verlieren wir den Zugang zu unserer inneren Leidenschaft. Wir kennen dann möglicherweise nicht einmal mehr unsere Bedürfnisse, weil wir aufgehört haben, etwas zu fühlen.

Die Herausforderung, der sich Frauen in ihren Beziehungen stellen müssen, besteht darin, sich auch dann weiterhin zu öffnen, wenn sie enttäuscht sind oder sich nicht geliebt fühlen.

Wenn wir nicht die Fähigkeit
besitzen, uns die Liebe zu holen, die
wir brauchen, kann es geschehen,
dass wir allmählich unsere
Bedürfnisse nicht mehr spüren.
Dann beginnt auch die
Leidenschaft zu schwinden.

Es ist wichtig, daran zu arbeiten,
dass wir unseren Partnern mehr
und mehr vertrauen und offen
für sie sind.

LEIDENSCHAFT LEBENDIG HALTEN

Das Geheimnis wachsenden
Vertrauens liegt nicht darin, vom
Partner Perfektion zu erwarten,
sondern im festen Glauben daran,
selbst die Fähigkeiten zu
entwickeln, die ihm helfen, uns
das zu geben, was wir von ihm
wollen.

Wer die Leidenschaft neu
wecken will, darf nicht vergessen,
dass dazu harte Arbeit und Mühe
erforderlich sind.

Wenn eine Frau versteht, worin
Männer anders sind, kann sie auch
dann darauf vertrauen, dass er sie
liebt, wenn er nicht instinktiv die
Dinge tut, die sie selbst tun
würde, um ihre Liebe zu zeigen.

Verlangen und Abhängigkeit
können erregend sein, wenn wir
nach dem verlangen, was der
Partner uns geben kann.

LEIDENSCHAFT LEBENDIG HALTEN

Ein Mann kann mit der Zeit die
Trägheit seiner Lieblosigkeit
überwinden, wenn er sich der
unverzichtbaren Anstrengung
bewusst ist, sein Herz aufs Neue
zu öffnen. Es wird ihn schließlich
mehr denn je mit Energie
erfüllen, die Bedürfnisse seiner
Partnerin zu befriedigen.

Wenn wir gemeinsam in Liebe und
Vertrauen wachsen, uns öffnen und
uns unserer Bedürfnisse stärker
bewusst werden, wächst auch
unsere Verletzlichkeit. Wir
erleben die Leidenschaft am
intensivsten, wenn wir wissen,
wie sehr wir den anderen
brauchen.

Dank dieser Art von Vertrauen
wissen wir auch dann, wenn unser
Partner uns enttäuscht, dass er sein
Bestes gegeben hat, und wir können
viel leichter verzeihen.

LEIDENSCHAFT LEBENDIG HALTEN

Es ist sowohl unklug als auch naiv,
von unserem Partner zu erwarten,
dass er uns immer die Liebe gibt,
die wir brauchen.

Sobald wir beginnen, von
unserem Partner Dinge zu
erwarten, die er uns nicht geben
kann, bewirken wir nicht nur,
dass er sich von uns zurückzieht,
sondern wir enttäuschen uns
auch selbst.

Wenn wir unseren Partner zu sehr
brauchen, entziehen wir ihm
schließlich unser Vertrauen und
unsere Liebe.

Wenn wir uns in einer
Beziehung zunehmend öffnen
und unsere emotionalen
Bedürfnisse erfüllt werden,
gelangen schließlich
unbewältigte Gefühle aus unserer
Vergangenheit an die Oberfläche.

Dem Partner Vorwürfe zu machen,
heißt, in die falsche Richtung zu
schauen, und reißt die Wunde nur
noch tiefer auf.

Wenn eine Frau ungeduldig
wird, fordert sie, dass sich ihr
Partner dauerhaft verändert. Sie
erkennt nicht, dass sein
Bemühen, ihr die benötigte
Unterstützung zu geben, einen
fortlaufenden Prozess darstellt.

Wenn man das Gefühl hat, dass es
einem gut ging, bis der Partner uns
mit irgendetwas den ganzen Tag
ruinierte, geht es meist um etwas
tief in uns selbst, das geheilt
werden muss.

Ironischerweise kommen
unbewältigte Gefühle aus der
Vergangenheit, in der wir uns
ungeliebt empfanden, genau
dann hervor, wenn wir uns am
stärksten geliebt fühlen.

LEIDENSCHAFT LEBENDIG HALTEN

Wenn Gefühle aus der Vergangenheit
an die Oberfläche gelangen,
bewirken sie meist eine
ungewöhnlich negative
Stimmung.

Kommen solche Gefühle an die
Oberfläche, dann müssen wir
unbedingt daran arbeiten, die
Verantwortung dafür zu
übernehmen, dass wir mehr
Liebe geben und leichter
verzeihen können.

Wenn wir anfangen, unserem Partner
die Schuld daran zu geben, dass wir
unglücklich sind, ist dies ein
deutliches Zeichen dafür, dass
Dinge aus unserer Vergangenheit
an die Oberfläche drängen.

Auch wenn wir uns dazu
berechtigt fühlen, von unserem
Partner mehr zu verlangen,
sollten wir nichts verlangen.

Von unserem Partner zu erwarten, er
solle dafür sorgen, dass wir uns
besser fühlen, heißt, ihm die Rolle
eines Elternteils zuzuweisen.

Immer wenn wir uns außer
Kontrolle fühlen und deshalb
Kontrolle über einen anderen
ausüben wollen, werden wir von
Kindheitseinflüssen gesteuert.

Wenn unser Herz offen ist, sind wir
nachsichtig mit unseren eigenen
Unvollkommenheiten und mit
denen unseres Partners.

Wenn wir anfangen, ungeduldig
zu werden, verlieren wir unsere
realistische Perspektive und
verlangen sofort mehr als
möglich ist.

Statt uns darüber zu freuen, dass wir Fortschritte machen, sind wir frustriert, weil nicht noch mehr noch schneller geschieht.

Wenn wir gegenüber unserem Partner eine vorwurfsvolle Haltung einnehmen, ist es schwierig, seine Grenzen und Unzulänglichkeiten zu akzeptieren, zu verstehen und zu verzeihen.

Statt aufzugeben oder mehr zu
verlangen, sollte eine Frau weniger
darauf konzentrieren, ihren
Partner zu verändern, als vielmehr
darauf, an ihrer eigenen
Einstellung zu arbeiten.

Unsere Liebe lässt sich daran
messen, dass wir einem
Menschen auch dann zugetan
sind, wenn wir seine
Unzulänglichkeiten kennen und
sie im Alltag erlebt haben.

LEIDENSCHAFT LEBENDIG HALTEN

Nur indem wir lernen, jemanden in
stürmischen Zeiten zu lieben,
können wir gemeinsam wachsen.
Jemanden zu lieben, der perfekt
ist, ist keine Kunst.

Auch wenn wir unserem Partner
Vorwürfe machen wollen,
können wir zu einer
erwachsenen Haltung
zurückfinden und unreife
Gefühle überwinden, indem wir
ernsthaft daran arbeiten, verzeihen
zu können.

Auch wenn eine Frau immer noch
ihrem Partner für alles die Schuld
zuweisen möchte, kann sie sich von
dem Einfluss vergangener Gefühle
befreien. Erinnern Sie sich daran,
dass Sie von einem Partner geliebt
werden, der sein Bestes tut, und
übernehmen Sie die Verantwortung
für Ihr eigenes Wohlbefinden.

Ein Mann darf das Gefühl,
erfolgreich zu sein, nicht länger von
dem Vertrauen abhängig machen,
das seine Partnerin in ihn setzt.

LEIDENSCHAFT LEBENDIG HALTEN

Ein Mann darf nicht das Gefühl
haben, sich selbst aufgeben zu
müssen, um seine Partnerin
zufrieden stellen zu können, denn
das würde ihn schwächen.

Eine kleine Verhaltensänderung
bedeutet nicht, dass wir uns
selbst untreu werden.

Wenn wir das Gefühl haben, nicht die
Liebe zu bekommen, die wir
brauchen, und unserem Partner die
Schuld daran geben, heißt das, wir
brauchen etwas, das unser
Partner uns zur Zeit einfach
nicht geben kann.

Statt in negativen Gefühlen zu
versinken und lieblos zu
reagieren, wenn unser Herz
verschlossen ist, können wir dieses
Tief zur Selbstheilung nutzen.

LEIDENSCHAFT LEBENDIG HALTEN

Wenn wir unserem Partner Vorwürfe
machen, sollten wir nicht von ihm
Veränderungen erwarten, sondern
uns stattdessen darauf
konzentrieren, uns selbst zu
verändern.

Wenn wir uns offen fühlen und
verzeihen können, können wir
uns neu orientieren und nach
Wegen suchen, unser
ursprüngliches Problem zu lösen.

Indem wir die Verantwortung für
unsere Aktionen und Reaktionen in
einer Beziehung übernehmen,
können wir ernsthaft beginnen,
erfolgreich Liebe zu geben und zu
empfangen.

Wenn wir uns nicht darüber im
Klaren sind, auf welche Weise
unser Partner geliebt werden
will, verpassen wir
möglicherweise kostbare
Gelegenheiten.

LEIDENSCHAFT LEBENDIG HALTEN

Eine Frau fühlt sich geliebt, wenn sie
die Liebe eines Mannes als beständig
empfindet.

Während gute Kommunikation
die gesunde Grundlage einer
Liebesbeziehung ist, ist
Romantik das Dessert.

Wenn ein Mann etwas für eine Frau
tut, ohne dass sie darum bitten muss,
fühlt sie sich sehr geliebt.

Vergisst er jedoch, diese Dinge zu
tun, erinnert eine kluge Frau ihn
daran, in dem sie auf eine nicht
fordernde Art darum bittet.

LEIDENSCHAFT LEBENDIG HALTEN

Ein Mann ist am glücklichsten, wenn eine Frau Erfüllung findet.

Frauen sind sich meist nicht darüber im Klaren, dass die Art von Liebesbezeigung, die ein Mann am meisten braucht, die liebevolle Bestätigung ist, ihr Erfüllung zu geben.

Fast alle romantischen Rituale
basieren darauf, dass ein Mann gibt
und eine Frau empfängt.

Die wichtigste Fähigkeit dabei,
einen Mann zu lieben, ist es, den
Dingen, die er richtig macht,
Aufmerksamkeit und
Anerkennung zu schenken. Der
größte Fehler besteht darin, alles
als selbstverständlich
hinzunehmen.

Frauen brauchen zwar auch
Romantik, um sich geliebt zu fühlen,
aber die wichtigste Voraussetzung
für wachsende Leidenschaft ist
Monogamie.

Romantik gibt einer Frau das
Gefühl, etwas Besonderes zu
sein. Nichts vermittelt ihr dieses
Gefühl mehr als ein Mann, der
sich seiner eigenen
Leidenschaftlichkeit bewusst ist
und nur sie begehrt.

Die Fähigkeit, mit zunehmendem Alter mehr Leidenschaft zu empfinden und zum Ausdruck zu bringen, kann eine Frau nur entwickeln, wenn sie das Gefühl hat, sich ganz darauf verlassen zu können, dass ihr Partner für sie da ist. Wenn sie glaubt, mit einer anderen Frau verglichen zu werden oder konkurrieren zu müssen, wird sie sich nicht mehr öffnen können.

Sexuelle Monogamie stärkt einen
Mann und macht ihn des größten
Vertrauens würdig.

Wenn ihr Partner sich klar zu ihr
bekennt und ihr versichert,
gemeinsam mit ihr alt werden zu
wollen, erfährt eine Frau jene
besondere Unterstützung, die sie
braucht, um tief in ihrer Seele
das Feuer der sexuellen
Leidenschaft zu entdecken.

Wie eine zarte Rose braucht Liebe das
klare, saubere Wasser der
Monogamie, um allmählich ein
Blütenblatt nach dem anderen zu
entfalten.

In einer dauerhaften,
leidenschaftlichen monogamen
Beziehung kann eine Frau
stärkere sexuelle Leidenschaft
und ein Mann mehr
Leistungsfähigkeit und Effizienz
für seine Arbeit entwickeln.

LEIDENSCHAFT LEBENDIG HALTEN

Während für eine Frau
Kommunikation und Romantik die
wichtigsten Aspekte ihrer
Liebeserfahrung sind, stellt ein
Mann in erster Linie über die
Sexualität eine dauerhafte
Verbindung zu Liebe und
Leidenschaft her.

So wichtig die Romantik für eine
Frau ist, so wichtig ist sexuelle
Befriedigung für einen Mann.
Beim Sex Zurückweisung zu
erfahren, ist traumatisch für das
Selbstbild eines Mannes.

Eine wirklich gute Freundschaft
in einer Beziehung setzt ein
ausreichendes Maß an
Unabhängigkeit voraus.

LEIDENSCHAFT LEBENDIG HALTEN

Freundschaft ist ein Kinderspiel,
wenn wir unsere Gefühle
unterdrücken. Wenn ein Partner
bereit ist, seine Identität für die
Beziehung zu opfern, werden
beide immer gut miteinander
auskommen – aber die
Leidenschaft wird erlöschen.

Fehlt die Fähigkeit, gut miteinander zu kommunizieren, entscheiden sich Paare oft dafür, die Freundschaft zu erhalten und die Gefühle zu opfern, obwohl viel Liebe vorhanden ist.

Indem wir die Verantwortung für uns und unsere Selbstheilung übernehmen, können wir für unser eigenes Wohlbefinden sorgen, wenn der Partner dazu gerade nicht in der Lage ist.

LEIDENSCHAFT LEBENDIG HALTEN

Den Partner zu brauchen, ist die Grundlage der Leidenschaft. Wenn wir jedoch nicht gleichzeitig eine eigenständige Persönlichkeit sind, werden wir uns in Zeiten, in denen der Partner uns wenig zu geben hat, außerstande fühlen, uns das zu holen, was wir brauchen.

Die wahre Liebe lässt sich daran messen, ob wir in der Lage sind, unserem Partner ein Freund zu sein und ihm etwas zu geben, ohne dafür eine Gegenleistung zu erwarten.

Wenn wir darauf vertrauen können,
zu anderen Zeiten zu bekommen,
was wir brauchen, werden wir
nicht so fordernd sein, wenn unser
Partner uns gerade wenig zu
geben hat.

Wenn eine Frau Freundschaft
für einen Mann empfindet, kann
er entspannter mit ihrem Unmut
umgehen.

LEIDENSCHAFT LEBENDIG HALTEN

Ein Mann muss das Gefühl haben,
dass er manchmal in der Beziehung
»Ferien« hat und gewissermaßen
nichts falsch machen kann. Er
möchte das Gefühl haben, dass er
so akzeptiert wird, wie er ist, und
sich nicht ändern muss.

Wenn eine Frau sich ihre
Probleme nicht zu sehr zu
Herzen nimmt, hat ein Mann das
Gefühl, das Richtige zu tun.

Für eine Frau bedeutet Freundschaft,
dass ihr Partner sich manchmal
besondere Mühe gibt, um sie zu
unterstützen oder ihr Hilfe
anzubieten.

Für einen Mann bedeutet
Freundschaft, dass eine Frau sich
bemüht, nicht zu viel zu fordern
oder zu erwarten.

LEIDENSCHAFT LEBENDIG HALTEN

Dem Partner ein Freund zu sein,
bedeutet, nie den Versuch zu
unternehmen, seine Stimmung zu
verändern oder es persönlich zu
nehmen, wenn er sich nicht so
fühlt, wie man es gern hätte.

Partnerschaft ist das siebte
Geheimnis einer dauerhaften
und leidenschaftlichen
Beziehung.

Wenn ein Mann in der Beziehung zu
einer Frau besondere Fähigkeiten
entwickelt, kann seine Liebe sie
zweifellos in den siebten Himmel
tragen. Auf ähnliche Weise kann
die Liebe einer Frau einem
Mann helfen, einen sicheren
Stand zu finden.

Wenn zwei Menschen eine neue
Beziehung eingehen, sind sie
immer bereit, alles dafür zu tun,
dass sie funktioniert.

LEIDENSCHAFT LEBENDIG HALTEN

Wenn eine Frau lernt, ihre Liebe auf
eine neue Weise auszudrücken, kann
sie ein Spiegel sein, in dem der
Mann seine Größe erkennt. Sie
kann eine motivierende Kraft
sein, die ihm dabei hilft, sein
kompetentestes und liebevollstes
Ich zu zeigen.

Wir gehen Beziehungen ein,
weil wir uns zu einem anderen
Menschen hingezogen fühlen, der
anders ist als wir, aber uns auch
ergänzt.

Auf unserer gemeinsamen Reise
müssen wir daran denken,
Unterschiede zu fördern und zu
respektieren. Aus Unterschieden
erwächst Leidenschaft.

Eine Frau sieht einen Mann als
Partner, wenn sie als Team auf
ein gemeinsames Ziel
hinarbeiten.

LEIDENSCHAFT LEBENDIG HALTEN

Ein Mann erlebt Partnerschaft völlig anders. Er mag es, wenn er seinen Bereich hat, in dem er den Ton angibt, und gesteht ihr gern ihren Bereich zu, in dem sie bestimmt. Indem sie unterschiedliche Aufgaben in unterschiedlichen Bereichen erfüllen, bilden sie zusammen ein partnerschaftliches Team, das einen Job erledigt.

Damit eine Partnerschaft wachsen
kann und kein Selbstzweck ist, muss
sie ein Ziel haben, das über sie
selbst hinausweist. Damit
Leidenschaft wachsen kann,
müssen die Partner ein
gemeinsames Interesse haben
und auf dieses Ziel hinarbeiten.

Damit wir einander unsere
Herzen ganz öffnen und
lebenslange Liebe und
Leidenschaft miteinander teilen
können, müssen wir vor allen
Dingen verzeihen lernen.

LEIDENSCHAFT LEBENDIG HALTEN

Wir alle haben Begabungen, die wir anderen zugute kommen lassen können, und einen Lebenszweck, der über unser persönliches Glück hinausweist. Damit sich eine Beziehung in Liebe und Leidenschaft weiterentwickeln kann, muss die Liebe, die wir füreinander empfinden, auf ein höheres Ziel ausgerichtet sein.

Verzeihen heißt, den Schmerz loszulassen.

365 LIEBEVOLLE ANREGUNGEN

Dem Partner seine Fehler zu verzeihen, eröffnet uns nicht nur die Möglichkeit, wieder zu lieben, sondern auch uns selbst zu vergeben, dass wir nicht perfekt sind.

Wenn wir in einer Beziehung nicht verzeihen, schränkt das unsere Liebe in unterschiedlichem Maße in allen Beziehungen unseres Lebens ein.

LEIDENSCHAFT LEBENDIG HALTEN

Je mehr man jemanden liebt, desto
mehr leidet man darunter, wenn
man ihm nicht verzeiht.

Wahre Vergebung ist nötig, wenn
etwas wirklich Schlimmes oder
Schmerzhaftes passiert, ohne
dass es einen Grund dafür gibt.

Wahre Vergebung leugnet nicht, dass
ein echter Fehler gemacht wurde,
bekräftigt dann aber, dass der
Mensch, der ihn begangen hat,
dennoch verdient, geliebt und
respektiert zu werden.

Wir können beginnen, unserem
Partner und anderen, die uns
verletzen, zu verzeihen, wenn wir
erkennen, dass sie wirklich nicht
wissen, was sie tun.

LEIDENSCHAFT LEBENDIG HALTEN

Die neue Fähigkeit des Verzeihens zu
erlernen, braucht Zeit, aber mit
etwas Übung wird sie zu einer
selbstverständlichen Reaktion.

Wenn wir uns dafür entscheiden
zu lieben, statt unser Herz zu
verschließen, bringen wir einen
kleinen Funken des Göttlichen
in eine Welt voller Mühe und
Kampf. Wir nehmen anderen
etwas von ihrer Last ab und
helfen auch ihnen zu verzeihen.

Eine Frau zufrieden zu stellen, ist
einfacher als es sich die meisten
Männer je träumen lassen würden.
Eine Frau kann einen Mann für
die kleinen Dinge, die er tut,
wirklich lieben und
wertschätzen.

Seid liebevoll und berührt
einander mehrmals am Tage.

Neue Fähigkeiten für unsere
Beziehungen einzuüben und zu
lernen, unterschiedliche Werte
miteinander in Einklang zu
bringen, ist nicht nur die
Voraussetzung für
leidenschaftlichere Beziehungen,
sondern trägt auch direkt etwas
zu einer friedlicheren Welt bei.

Wenn wir die Geheimnisse der Leidenschaft beherrschen und uns in Verzeihung üben, erschaffen wir nicht nur für uns selbst ein Leben voller Liebe, sondern bewirken auch etwas in unserer Umgebung.

Jedes Mal, wenn wir in unseren persönlichen Beziehungen den manchmal schmerzhaften oder schwierigen Schritt hin zu einer positiven Lösung unternehmen, bereiten wir den Weg für Harmonie in der Welt.

Man sollte regelmäßig Zeit für romantische Zweisamkeit einplanen.

Romantik kann einer Frau helfen ihr Selbstwertgefühl wieder aufzubauen, wenn sie sich in einer Beziehung unbeachtet oder ungeliebt gefühlt hat. Für eine Frau ist das Gefühl wichtig, dass ein Mann ihr dabei helfen möchte, ein gesundes Selbstvertrauen zu haben.

Sex sollte idealerweise Ausdruck
des Wohlbefindens und der
Gemeinsamkeit sein.

Wenn wir nicht wissen, wie wir
mit unbewältigten Gefühlen
umgehen sollen, die nach dem
Sex in uns aufsteigen, hinterlässt
die sexuelle Lust ein ungutes
Gefühl, statt uns Erfüllung
zu geben.

Ungeachtet unseres Alters wollen wir mit zunehmender Unabhängigkeit und Eigenständigkeit mehr als nur gemeinsames Vergnügen. Wir wollen die Chance haben, tiefere und reichere Erfahrungen mit jemandem zu machen, ihn wirklich kennen zu lernen und von ihm erkannt zu werden.

Eine ausschließliche Beziehung ist die Grundlage für dauerhafte Intimität.

Männer brauchen körperliche
Intimität, um sich öffnen zu können,
um ihre Liebe und ihr Begehren zu
fühlen und sich auf eine Frau
ganz einzulassen.

Eine Frau schafft Intimität,
indem sie mehr von sich
preisgibt, und ein Mann erlebt
mehr Intimität, indem er sie in
ihrer Selbstfindung erfolgreich
unterstützt und trägt.

LEIDENSCHAFT LEBENDIG HALTEN

Es ist ein Fehler zu glauben, dass ein
Mann für die Frau, die er attraktiv
findet, die ihm jeden Wunsch
erfüllt und jedes seiner Bedürfnisse
befriedigt, dasselbe tun wird.

Wenn eine Frau einem Mann
ein Gefühl für seine eigene
Männlichkeit gibt, ist sein
Körper von der Sehnsucht erfüllt,
ihr nahe zu sein, und sein Tun
bekommt einen Sinn. Er fühlt sich
angeregt, besser zu sein, und er ist
motiviert, ihre Bedürfnisse zu
befriedigen.

Wenn ein Mann aktiv an einer Frau
interessiert ist, hat sie die Chance,
ihre echten und authentischen
Reaktionen auf sein Verhalten zu
erforschen. Diese Authentizität
macht sie für den »Richtigen«
attraktiver.

Wenn ein Mann aktiv an einer Frau interessiert ist, denkt er unter anderem darüber nach, wie er sie beeindrucken kann. Ist eine Frau empfänglich dafür, gibt sie dem Mann das Selbstvertrauen, die unweigerlichen Risiken auf sich zu nehmen, um sie zu beeindrucken.

Wenn ein Mann einer Frau ein
Gefühl für ihre Weiblichkeit gibt, ist
dies für sie geistig anregend und
faszinierend. Sie fühlt sich warm,
zärtlich und verletzlich. Ihr Herz
beginnt sich zu öffnen, wenn sie
daran denkt, etwas Besonderes zu
sein. Sie fühlt sich bestärkt
durch die Aussicht, das zu
bekommen, was sie will und
braucht.

Ein Mann mag es, wenn eine Frau
ihm das Gefühl gibt, dass er alles das
ist, was sie will, so als ob allein
schon das Zusammensein mit ihm
sie glücklich macht. So als ob sie
von ihm alles bekommt, was sie
braucht und er so, wie er ist,
genau richtig für sie ist.

Männer wollen Erfolg haben.
Die Möglichkeit, einer Frau
Erfüllung zu geben, ist für einen
Mann ausgesprochen reizvoll.

So wie ein Mann sein Bestes
geben muss, um eine Frau zu
beeindrucken, muss sie sich von
ihrer positivsten Seite zeigen.

Für einen Mann ist es sehr
wichtig, immer wieder zu
erfahren, dass er im Leben einer
Frau eine entscheidende Rolle
spielt.

Romantische Rituale helfen einem Mann, auf dem richtigen Kurs zu bleiben. Bei den meisten traditionellen romantischen Ritualen ist der Mann der Gebende und die Frau die huldvoll Empfangende.

Romantische Rituale sollen einer Frau das Gefühl geben, etwas Besonderes zu sein und sie daran erinnern, dass sie nehmen und nicht immer nur geben sollte.

Die Erwartungen an eine Beziehung
haben sich geändert. Wir wollen
emotionale Befriedigung. Wir
wollen Romantik. Wir wollen
Intimität. Und wir wollen tiefe
und dauerhafte Liebe finden.

Romantische Rituale erinnern
Männer daran, dass sie hin und
wieder etwas für ihre Frau tun
müssen, um die Liebe zu
bekommen, die sie wollen.

LEIDENSCHAFT LEBENDIG HALTEN

Männer mögen es, wenn eine Frau aufhört, sich für alles verantwortlich zu fühlen, weil dann ihre empfängliche und aufnahmefähige Seite zum Vorschein kommt.

Nur wenn wir unsere offenkundigen und weniger offenkundigen Unterschiede verstehen und akzeptieren, können wir echte Intimität und großartigen Sex erleben.

Für viele Männer ist sexuelle
Erregung der Schlüssel, der ihnen
den Zugang zu ihren Gefühlen der
Liebe ermöglicht.

Ironischerweise erfährt ein
Mann durch Sex sein Bedürfnis
nach Liebe, während eine Frau
ihre Sehnsucht nach Sex spüren
lernt, wenn sie Liebe empfängt.

LEIDENSCHAFT LEBENDIG HALTEN

Durch Sex öffnet sich das Herz eines
Mannes. Nun kann er sowohl seine
Liebesgefühle als auch seine
Sehnsucht nach Liebe erfahren.

Ein Mann erkennt nicht
instinktiv, dass eine Frau sich
geliebt und romantisch verwöhnt
fühlen muss, bevor sie ihr
Bedürfnis nach Sex spüren kann.

Sex lässt einen Mann sein Bedürfnis
nach Liebe erkennen, während eine
Frau ihr Bedürfnis nach Sex spüren
kann, wenn sie Liebe empfängt.

So wie eine Frau den guten
Dialog mit ihrem Partner
braucht, um sich geliebt zu
fühlen und Liebe zu empfinden,
braucht ein Mann Sex.

Ein Mann kann sich auch auf andere
Weise geliebt fühlen, aber am
stärksten kann die Liebe einer Frau
durch guten Sex seine Seele
anrühren und sein Herz öffnen.

Damit ein Paar guten Sex haben
kann, muss liebevolle und
gegenseitig unterstützende
Kommunikation zwischen ihnen
stattfinden.

Wenn der Sex besser wird, wird plötzlich die ganze Beziehung besser.

Durch guten Sex beginnt der Mann, mehr Liebe zu empfinden und die Frau empfängt auf einmal die Liebe, die sie vielleicht vermisst hat.

Wenn ein Paar Beziehungsprobleme
hat, hilft es manchmal, eine
Abkürzung zu nehmen, statt sich
auf die Probleme zu
konzentrieren: Durch guten Sex
erscheinen die Probleme sofort
weniger schwerwiegend und
lassen sich leichter lösen.

Guter Sex ist eine Belohnung,
die wir verdienen.

Die wirkungsvollste Art, eine
Beziehung in Gang zu bringen,
besteht darin, sich zuerst die
Fähigkeiten anzueignen, die für
guten Sex erforderlich sind.

Guter Sex berührt das Herz
einer Frau und hilft ihr, sich zu
entspannen und die
Unterstützung ihres Partners in
anderen Bereichen der Beziehung
anzunehmen.

Liebevoller Sex, leidenschaftlicher
Sex, sinnlicher Sex, langer Sex, die
»schnelle Nummer«,
genießerischer Sex, spielerischer
Sex, zärtlicher Sex, rauer Sex,
Kuschelsex, harter Sex,
romantischer Sex, zielstrebiger
Sex, erotischer Sex, einfacher
Sex, kühler Sex und heißer Sex –
all das ist ein wichtiger Teil
unserer Bemühungen, die
Leidenschaft in der Liebe
lebendig zu erhalten.

Eine der besonderen Belohnungen für
das Erlernen und Anwenden von
»Schlafzimmerfähigkeiten« ist,
dass der Sex immer besser wird.

Großartiger Sex ist nicht nur
eine Belohnung, sondern kann
Körper, Geist und Seele
verjüngen.

Guter Sex bringt Licht in unser
Leben und stärkt unsere
Beziehung auf eine sehr
grundlegende Weise.

LEIDENSCHAFT LEBENDIG HALTEN

104

Ein moderner Mann möchte,
dass für seine Partnerin Sex eine
entsprechend große Bedeutung hat,
dass er ihr und der Beziehung
leidenschaftlich verbunden
bleiben kann.

Wenn Sex und Leidenschaft im
Laufe der Zeit wachsen und sich
entwickeln sollen, ist es wichtig,
dass wir uns wegen unserer
Wünsche und Bedürfnisse nicht
verurteilt oder kritisiert fühlen.

Ein großartiges Liebesleben
ist nicht nur Ausdruck einer
leidenschaftlichen Beziehung,
sondern trägt auch viel zu ihrer
Entstehung bei.

Guter Sex erfüllt unser Herz mit
Liebe und kann fast all unsere
emotionalen Bedürfnisse
befriedigen.

LEIDENSCHAFT LEBENDIG HALTEN

Guter Sex lässt eine Frau weicher
werden, lässt sie die Liebe in ihrem
Herzen fühlen und die Liebe ihres
Partners auf eine sehr bestimmte
Weise erleben.

Die Sehnsucht nach Liebe
in der Seele einer Frau wird
durch die leidenschaftliche und
uneingeschränkte Aufmerksamkeit
ihres Partners gestillt.

Guter Sex befreit einen Mann von all
seinen Frustrationen und erlaubt es
ihm, seine Leidenschaft neu zu
entfachen und sich wieder auf
eine Beziehung einzulassen.

Erfährt eine Frau Erfüllung,
dann spürt ein Mann, dass er
dies bewirkt hat und dass seine
Liebe angenommen wird.

Guter Sex erinnert sowohl Männer als auch Frauen an die zärtliche und höchste Liebe, die sie ursprünglich zueinander hingezogen hat.

Guter Sex ist ein besonderes Geschenk für Menschen, die hart daran arbeiten, dass die Liebe die höchste Priorität in ihrem Leben hat.

Das, was aus einer Beziehung mehr
macht als eine liebevolle
Freundschaft, ist Sex.

Sex fördert unsere männliche
und unsere weibliche Seite mehr
als alles andere, das ein Paar
gemeinsam unternimmt.

Guter Sex wirkt wohltuend auf eine Frau und hilft ihr, mit ihrem weiblichen Ich in Kontakt zu bleiben, während er einen Mann stärkt und ihn mit seiner männlichen Seite in Kontakt bleiben lässt.

Eine positive Einstellung zum Sex ist eine Grundvoraussetzung für guten Sex.

Für eine Frau ist Liebe viel wichtiger
als Sex, aber wenn ihr Bedürfnis
nach Liebe erfüllt wird, gewinnt
Sex dramatisch an Bedeutung.

Auch wenn eine Frau sich nicht
geliebt fühlt, aber spürt, dass die
Möglichkeit besteht, geliebt zu
werden, kann sie in sich ihre
tiefe Sehnsucht nach Sex zu
spüren beginnen.

Ein Mann sehnt sich genauso nach
Liebe wie eine Frau, aber bevor er
sein Herz öffnen und die Liebe
seiner Partnerin zulassen kann,
braucht er sexuelle Erregung.

Wie eine Frau Liebe braucht,
um sich für Sex zu öffnen, so
braucht ein Mann Sex, um sich
der Liebe zu öffnen.

Die Haltung einer Frau zu den
sexuellen Bedürfnissen eines
Mannes kann sich dramatisch
verändern, wenn sie begreift,
warum ein Mann Sex braucht.

Sex lässt einen Mann seine
Gefühle wahrnehmen, und
durch Gefühle findet er zurück
zu seiner Seele.

LEIDENSCHAFT LEBENDIG HALTEN

Ein Mann fühlt sich dann besonders
gestärkt und gestützt, wenn er
Wertschätzung, Anerkennung und
Vertrauen erfährt.

Wenn sich eine Frau nach Sex
mit einem Mann sehnt, ist sie
besonders offen und
vertrauensvoll.

Wenn die Berührung eines Mannes
eine lustvolle Reaktion hervorruft,
fühlt er sich angenommen und
bestätigt.

Wie ein Verdurstender in der
Wüste kann sich ein Mann beim
Sex endlich entspannen und sich
einen erfrischenden Trunk in der
Oase seiner Gefühle gönnen.

Indem er die Weichheit einer Frau
berührt und in die Wärme ihres
liebenden Körpers eindringt, kann
er hart und männlich bleiben und
doch gleichzeitig seine eigene
Weichheit und Wärme spüren.

Sex ist eine Chance, die
gegenseitige Liebe auf eine
Weise zu erleben, die beiden
Partnern am meisten gibt.

Sex ist großartig, wenn er eine gemeinsame, von Liebe getragene Erfahrung ist und die Liebe weiter wächst.

Damit eine Frau mehr und mehr sexuelle Erfüllung erfahren kann, muss sie in einer Beziehung in erster Linie emotionale Unterstützung erhalten.

Die Lust einer Frau reagiert auf die allmähliche Steigerung sexueller Spannung.

Wie groß die Liebe seiner Partnerin zu ihm auch sein mag – der kostbare Augenblick des Orgasmus ist es, in dem ein Mann für ihre Liebe am empfänglichsten ist.

Wenn sich das Herz eines Mannes im
Orgasmus öffnet, kann er die Tiefe
seiner Liebe und die Verbundenheit
mit seiner Partnerin spüren.

Alle Gefühle der Ablehnung
und Verärgerung, die ein
Mann empfindet, werden
hinweggespült, wenn er guten
Sex erlebt.

Wenn eine Frau den Druck von sich
genommen fühlt, für andere zu
sorgen, kann sie beginnen, ihre
sexuellen Wünsche
wahrzunehmen.

Wenn sie die liebevolle,
fürsorgliche und sinnliche
Unterstützung erhält, nach der
sich ihre weibliche Seite sehnt,
beginnt sie ihre sexuellen
Bedürfnisse bewusst
wahrzunehmen.

Eine Frau mag es, wenn der Partner
beim Sex mit ihr spielt oder sich
langsam der Stelle annähert, an der
sie berührt werden möchte.

Für einen Mann ist die direkte
Stimulierung am lustvollsten.

(Selbst-)Vertrauen beim Sex ist
sowohl für Männer als auch für
Frauen der stärkste Stimulus.

Eine Frau kann einem Mann beim
Sex am besten dadurch Erfüllung
geben, dass sie ihm dabei hilft, sie
zu befriedigen.

Sex ist für einen Mann dann
befriedigend und erfüllend,
wenn die Frau sexuell
befriedigt ist.

Um über Jahre hinweg in einer
Beziehung Leidenschaft und
gegenseitige Anziehungskraft
lebendig zu erhalten, braucht ein
Mann die klare Botschaft, dass sie
den Sex mit ihm genießt.

Es fördert dauerhafte
Attraktivität und Leidenschaft,
wenn eine Frau sich gelegentlich
auf eine »schnelle Nummer«
einlässt und allgemein positiv auf
sexuelle Avancen ihres Mannes
reagiert.

LEIDENSCHAFT LEBENDIG HALTEN

Wenn eine Frau nicht weiß, ob sie
Sex haben will, braucht sie etwas
Zeit, Aufmerksamkeit und
Gespräche, um es herauszufinden.

Ein Mann erkennt nicht, dass
eine Frau wirklich Sex haben
will, aber manchmal braucht sie
seine emotionale Unterstützung,
um ihre eigenen Bedürfnisse
erkennen zu können.

Um für einen Mann attraktiv zu bleiben, muss eine Frau nicht mit den Phantasiefrauen aus den Medien konkurrieren oder auf einen perfekten Körper hinarbeiten. Statt dessen sollte sie eine positive, aufgeschlossene Ausstrahlung in puncto Sex anstreben.

Eine Frau kann die Sensibilität eines Mannes in sexueller Hinsicht besser verstehen, wenn sie sie mit ihrer eigenen Sensibilität in Bezug auf Gefühle, Kommunikation und Intimität vergleicht.

Ein Mann hört nicht auf, eine Frau attraktiv zu finden, weil sie nicht mehr seiner Ideal-vorstellung entspricht, sondern weil er sich in sexueller Hinsicht abgewiesen und frustriert fühlt.

Der Hauptgrund für nachlassendes
Interesse am Sex ist bei Männern
das Gefühl, abgewiesen zu werden,
und bei Frauen mangelnde
Romantik und fehlendes
Verständnis von Seiten des
Partners.

Eine Frau versteht nicht
instinktiv, wie sensibel ein Mann
ist, wenn sie selbst nicht in
Stimmung für Sex ist.

Ein Mann erkennt nicht instinktiv,
wie sehr eine Frau Romantik und
gute Kommunikation braucht, um
sich zu öffnen und in Stimmung
für Sex zu kommen.

Wenn eine Frau das Gefühl hat,
zum Sex nicht Nein sagen zu
dürfen, kann sie auch nicht mehr
wirklich Ja dazu sagen.

Wenn ein Mann immer wieder die
Botschaft bekommt und ihr wirklich
glauben kann, dass seine Partnerin
den Sex mit ihm genießt, kann er
sich ein gesundes und starkes
sexuelles Verlangen bewahren.

Wenn eine Frau das Gefühl hat,
dass ein Mann beim Sex sehr
geschickt ist und sie in der
Beziehung unterstützt, kann ihr
sexuelles Verlangen lebendig
bleiben.

So wie gute Kommunikation eine Frau für guten Sex öffnet, hilft die Aussicht auf guten Sex einem Mann, in einer Beziehung liebevoller zu sein.

Ein Mann erlebt Lust in erster Linie als Abbau sexueller Spannungen.

Leidenschaft lässt sich besonders gut
und einfach neu entfachen durch
einen romantischen Ausflug zu
zweit. Verbringen Sie eine Nacht
im Hotel. Genießen Sie den
Tapetenwechsel. Lassen Sie das
Gewohnte und Vertraute hinter
sich. Vergessen Sie alle
häuslichen Pflichten eine Zeit
lang. Je schöner die neue
Umgebung ist, desto besser.

LEIDENSCHAFT LEBENDIG HALTEN

Wenn eine Frau lange Zeit keine
Gelegenheit hatte, aus dem Alltag
auszubrechen, Romantik zu erleben
und sich sexuell attraktiv zu
fühlen, kann sie in eine
zunehmend asexuelle Stimmung
geraten. Ein romantischer
Ausflug zu zweit kann die
Leidenschaft neu entfachen und
ihr das Gefühl geben, schön und
begehrenswert zu sein. Indem er
eine solche »Auszeit« plant, kann
ein Mann wieder romantische
Gefühle in ihr wecken.

Besonders Frauen brauchen einen
Tapetenwechsel, um sich erregen zu
lassen und sich ihrer Verantwortung
für Familie und Heim vorübergehend
zu entledigen. Ein schönes Ambiente
lässt sie ihre innere Schönheit
entdecken.

Spontane Ausflüge zu zweit können
die Romantik neu aufleben lassen,
aber manchmal sind wir einfach zu
beschäftigt oder tragen zu viel
Verantwortung, um uns diese Zeit
nehmen zu können. Es ist nicht immer
einfach, aber es ist der Mühe wert.

Ein Mann darf nicht vergessen, dass
eine Frau manchmal das Gespräch
braucht, bevor sie romantische
Gefühle entwickeln kann. Wenn
das Ziel des romantischen
Ausflugs weit entfernt ist, bietet
ihr die ganze Anreise
Gelegenheit zu reden.

Erotische Briefe können nicht
nur sexuell anregend wirken,
sondern helfen dem Partner auch
zu verstehen, was der andere beim
Sex fühlt.

Romantische Ausflüge zu zweit helfen
einer Frau, ihr sexuelles Verlangen
lebendig zu erhalten. Dieser Teil
von ihr kann sicher sein,
befriedigt zu werden.

Prickelnde Gefühle sind oft tief
in unserem Innern vorhanden,
aber in der gewohnten
Umgebung muss man ihnen
manchmal etwas auf die Sprünge
helfen.

Wenn man sexuelle Erregung empfindet, während man nicht mit dem Partner zusammen ist, sollte man diese Gefühle aufschreiben.

Ein Geheimnis, wie sich sexuelle Gefühle wieder entfachen lassen, sind Briefe: Schreiben Sie dem Partner einen erotischen Brief.

Natürlich hat nicht jeder das Talent zum
Schreiben, und es kann schwierig sein,
diese delikaten Empfindungen
auszudrücken. Das heißt aber nicht,
dass diese Empfindungen nicht
vorhanden sind. Vielleicht
entdecken Sie eine poetische
Grußkarte, die genau das ausdrückt,
was Sie sagen wollen. Es ist völlig in
Ordnung, Liebe zu empfinden und
sie nicht in Worte fassen zu können.
Die richtige Karte auszuwählen, ist
beinahe ebenso wertvoll, als hätte man
die Worte selbst niedergeschrieben.

Dasselbe gilt auch für erotische
Briefe. Es schadet nichts, Anleihen
bei romantischer Literatur zu
nehmen. Gefühle zum Ausdruck
zu bringen, ist wichtiger als
originell zu sein.

Kommt man in Abwesenheit des
Partners in eine erotische
Stimmung, kann man sich eine
romantische Szene vorstellen und
die sexuellen Gefühle in der
Phantasie mit dem Partner
ausleben.

In einem erotischen Brief an
den Partner kann man seine
sexuellen Wünsche beschreiben
und dabei die Geschehnisse und
die eigenen Gefühle so schildern,
als sei es Realität.

Ein weiteres Geheimnis für guten Sex und wie sich Leidenschaft bewahren lässt, ist es, unsere unterschiedlichen sexuellen Polaritäten zu verstehen und damit zu arbeiten. Wie der negative Pol eines Magneten einen positiven Pol anzieht, können wir dank unserer gegensätzlichen sexuellen Polaritäten die gegenseitige Anziehungskraft, Begehren und Lust steigern. Es gibt zwei sexuelle Polaritäten: Lust geben und Lust empfangen.

Wenn ein Partner gibt und der andere empfängt, kann sich die sexuelle Lust leicht aufbauen. Beide Partner können diese Polaritäten bewusst abwechselnd einsetzen, um Verlangen und Lust zu steigern. Ein Partner gibt, während der andere empfängt. Später tauschen sie die Rollen und der bisher Gebende lässt sich nun verwöhnen.

LEIDENSCHAFT LEBENDIG HALTEN

Polarisierter Sex läuft in zwei Phasen ab. In der ersten Phase nimmt der Mann und die Frau gibt. In der zweiten Phase befriedigt er ihre Bedürfnisse, während sie sich entspannt und genießt.

365 LIEBEVOLLE ANREGUNGEN

143

Damit eine Frau dem Sex gegenüber
positiv eingestellt sein kann, darf sie
nicht das Gefühl haben, sofort erregt
sein zu müssen. Polarisierter Sex ist
die Lösung dieses Problems.

Eine Frau ist einer
gelegentlichen »schnellen
Nummer« im Allgemeinen nicht
abgeneigt, wenn sie sich in der
Beziehung emotional unterstützt
fühlt und weiß, dass sie bei
anderen Gelegenheiten herzhaften
»hausgemachten« Sex oder gar
Gourmet-Sex haben kann.

Ein weiteres Geheimnis für guten Sex
ist Abwechslung. Frauen mögen es,
wenn Sex jedes Mal ein wenig
anders abläuft.

Männer sind zielorientierter. Ihr
Motto ist: »Solange es
funktioniert, braucht man auch
nichts daran zu reparieren.«

Ein Mann will eine Formel finden,
die jedes Mal funktioniert, so dass er
sich beim Sex entspannen kann,
weil er weiß, was er tut.

Eine Frau empfindet es
hingegen dann besonders
erregend, wenn sie nicht weiß,
was er als nächstes tun wird.
Vorhersehbarkeit langweilt sie.

Rhythmus und Bewegungen zu verändern, mag einem Mann nebensächlich erscheinen, für eine Frau sind dies jedoch sehr wichtige Dinge.

Allgemein lässt sich sagen, dass eine Frau etwa zehnmal mehr Vorspiel braucht als ein Mann.

Ein Mann sollte daran denken, dass
die Befriedigung einer Frau nicht
davon abhängt, was er tut, sondern
wie viel Zeit er sich dafür nimmt.

Es hilft einem Mann, wenn eine
Frau ihm Rückmeldungen gibt,
damit er weiß, was er tun soll.

Positive Rückmeldungen der Frau
geben einem Mann die Sicherheit,
unbeirrt mit dem weiterzumachen,
was er gerade tut.

Wenn ein Mann beim Sex mehr
Phantasie entwickelt, hat eine
Frau die Chance, ihre
besonderen Stimmungen und
Empfindungen an diesem Tag zu
erforschen und auszudrücken.

Wenn eine Frau das Gefühl hat, sich
jedes Mal und auch langfristig
ändern zu können, verändert sich
ihre sexuelle Ausdrucksweise.
Wenn Sex aufregend bleiben soll,
muss sie Raum für ihre
natürlichen Veränderungen
haben.

Der sexuelle Akt ist für eine
Frau ein Prozess, bei dem sie
herausfindet, was sich an dem
betreffenden Tag gut anfühlt.

Wie sich die Jahreszeiten ändern, so
verändert sich auch der Sex und
bleibt so immer interessant. Damit
diese Veränderungen ganz
natürlich geschehen, muss eine
Frau Unterstützung dabei
erfahren, die unterschiedlichen
Ausdrucksmöglichkeiten ihrer
sexuellen Empfindungen zu
entdecken.

Eine Frau will nicht, dass ihr
Partner nach einem festen Plan
vorgeht.

Unterschiedliche Ausdrucksformen
der weiblichen Sexualität sind nicht
geplant oder überlegt, sondern
werden im Augenblick selbst
entdeckt.

Wenn ein Mann beim Sex die Führung übernimmt, ermöglicht er es seiner Partnerin, weniger zu denken und mehr zu fühlen. Die Freiheit, sich zu entspannen und nicht mehr darüber nachzudenken, was passieren »sollte«, versetzt sie in die Lage, mit den Strömungen und Rhythmen ihrer sinnlichen und sexuellen Natur mitzuschwingen. Wie beim Tanzen zu einer bestimmten Art von Musik kann sie sich nach dem Rhythmus ihrer jeweiligen Stimmung mit ihm gemeinsam bewegen und tanzen.

Wenn eine Frau spontan sein darf,
findet sie auf ganz natürliche Weise
zu unterschiedlichen
Ausdrucksformen. Nimmt sich ein
Mann die Zeit, eine Frau zu
stimulieren, ohne bestimmte
Reaktionen von ihr zu erwarten,
dann fühlt sie sich nach und
nach sicher genug, das
auszudrücken, was sie empfindet.
Dieser ungehemmte Ausdruck
sexueller Empfindungen lässt sie
ungeahnte Höhen sexueller
Ekstase erreichen.

LEIDENSCHAFT LEBENDIG HALTEN

Sowohl Männer als auch Frauen
brauchen klare und positive
Rückmeldungen, um zu wissen,
was ihrem Partner die größte
Erfüllung bringt.

Eine Frau möchte, dass Sex jedes Mal
eine spontane Schöpfung ist, die sich
an den Empfindungen beider
Partner orientiert.

Beim Sex sollte ein Mann wie
ein Künstler mit den
Grundfarben vertraut sein und
mit ihnen experimentieren, wie
er damit ein großes neues
Kunstwerk entstehen lassen kann.

LEIDENSCHAFT LEBENDIG HALTEN

Ein Geheimnis für guten Sex ist, auf
vorhandenen Stärken aufzubauen,
statt sich auf Probleme oder Fehler
zu konzentrieren.

Es mag überraschen, dass
Monogamie dazu beitragen
kann, Sex leidenschaftlich und
lebendig zu erhalten.

Sex kann aufregend bleiben, wenn
wir lernen, uns dabei spontan und
nicht mechanisch zu verhalten.

Die Empfindungen beim Sex
können sich im Laufe der Zeit
verändern, und die Leidenschaft
kann wachsen.

In einer monogamen Beziehung kann sich eine Frau geliebt und als etwas Besonderes fühlen. Fühlt sie sich nicht auf diese Weise geliebt, kann sie sich nicht mehr für ihn öffnen.

Vertrauen ist für eine Frau eine wichtige Voraussetzung, dass sie ihren Partner sexuell attraktiv findet.

Ein Mann muss immer wieder
erfahren, dass er eine Frau glücklich
machen kann, wenn er sie auf
Dauer sexuell attraktiv finden soll.

Menschen von heute sind
nicht dazu bereit, in einer
leidenschaftslosen Beziehung
gefangen zu bleiben.

Neue sexuelle Fähigkeiten zu erlernen kann bewirken, dass die Leidenschaft erhalten bleibt und der Sex immer besser wird.

Es ist normal, manchmal keine Liebe für den Partner zu empfinden. Ebenso normal ist es, sich manchmal sexuell nicht zu ihm hingezogen zu fühlen.

Es ist gesund und natürlich, dass
die Woge der Leidenschaft in einer
Beziehung steigt und fällt.

Zeiten, in denen man kein
Interesse am Sex hat, sind wie
graue Tage, an denen sich die
Sonne hinter Wolken versteckt.

An grauen Tagen klopft die
Versuchung an unsere Tür.

Wenn die gegenseitige sexuelle
Anziehung in einer Beziehung
blockiert ist, fühlen wir uns oft
zu anderen hingezogen.

Monogamie ist die
Voraussetzung für wilden,
hemmungslosen Sex.

Um die Möglichkeit offen zu halten,
dass die Leidenschaft in die
Beziehung zurückkehrt, sollte man
seine leidenschaftlichen Gefühle
oder Phantasien nicht in eine
andere Richtung schweifen
lassen.

Manchmal muss sich ein Mann
viele Jahre ganz auf eine
Beziehung einlassen, bis sich
seine Leidenschaft nur auf seine
Partnerin richtet.

Indem man seine sexuellen Gefühle unter Kontrolle hat und sie immer wieder auf den Partner richtet, verstärkt man die eigene Fähigkeit, sich sexuell zu ihm hingezogen zu fühlen.

Wenn ein Mann sowohl seine Leidenschaft empfinden als sie auch unter Kontrolle halten kann, kann die Frau beginnen, die Kontrolle aufzugeben, ihre Hemmungen abzulegen und ihre Leidenschaft wirklich zu spüren.

365 LIEBEVOLLE ANREGUNGEN

165

Wenn ein Mann lernt, seine
Leidenschaften unter Kontrolle zu
halten, verhilft er nicht nur seiner
Partnerin zu größerer Erfüllung,
sondern kann auch selbst tiefere
Lust und Liebe empfinden.

Man sollte sich nicht schlecht
fühlen, weil man einen anderen
Menschen attraktiv findet,
sondern die sexuelle Erregung
zum Partner zurücktragen.

Immer wenn ein Mann sexuell in
Versuchung gerät und zu seiner
monogamen Verpflichtung steht,
verstärkt er die Sicherheit, die
seine Partnerin braucht, um den
Sex mehr zu genießen.

Selbst nüchterne, zielstrebige,
beruflich erfolgreiche Power-
Frauen legen sehr viel Wert auf
Romantik.

Romantik verzaubert jede Frau.

Während Männer sich nach
gutem Sex sehnen, sehnen sich
Frauen nach Romantik.

Um das Bedürfnis einer
Frau nach Romantik erfüllen
zu können, muss ein Mann
zunächst einmal verstehen,
was Romantik ist.

Poetische Karten, Blumen und kleine
Geschenke, Nächte im Mondschein
und spontane Entscheidungen
haben etwas Romantisches.

Am Anfang sind Männer gern
romantisch, um der Partnerin zu
zeigen, dass sie etwas Besonderes
ist, aber danach begreifen sie
nicht instinktiv, warum sie
weiterhin romantische Dinge
tun sollen.

Es ist für eine Frau nicht romantisch,
wenn sie sich die Blumen selbst
kaufen muss. Sie will, dass ihr
Geliebter es tut.

Sie will nicht um romantische
Gesten bitten müssen. Wenn sie
darum bitten muss, ist es nicht
mehr romantisch.

Wenn ein Mann aus eigenem Antrieb
Blumen für sie kauft, versteht die
Frau dies als Zeichen, dass sie ihm
etwas bedeutet und das er ihre
Bedürfnisse versteht.

Es ist romantisch, wenn ein
Mann einen Abend zu zweit
plant, die Eintrittskarten kauft,
das Auto fährt und sich um jedes
Detail kümmert.

Wenn ein Mann sich um alles
kümmert, kann eine Frau sich
entspannen und es genießen,
umsorgt zu werden.

Romantik ist wie ein
Kurzurlaub, der einer Frau hilft,
ihre Weiblichkeit wieder zu
entdecken.

LEIDENSCHAFT LEBENDIG HALTEN

Romantische Augenblicke sind
besonders für solche Frauen
hilfreich, denen es schwer fällt,
über ihre Gefühle zu sprechen.

Bei einem romantischen
Tête-à-tête kann sich eine Frau
bestätigt, bewundert, verstanden
und unterstützt fühlen, ohne
über ihre Gefühle sprechen zu
müssen.

Durch romantische Gesten zeigt ein
Mann seiner Partnerin immer
wieder seine Anerkennung, und
indem er ihre Bedürfnisse erahnt,
signalisiert er, dass er sie versteht
und respektiert.

Romantische Gesten geben ihr
dieselbe Art von Unterstützung
wie das Gespräch: In beiden
Fällen fühlt sie sich beachtet und
ernst genommen.

LEIDENSCHAFT LEBENDIG HALTEN

174

Romantik ermöglicht es einer
Frau, auf feminine Weise etwas
Besonderes zu sein und umsorgt
zu werden.

Wenn ein Mann mit
leidenschaftlicher Hingabe ihre
Bedürfnisse erfüllt, kann sie sich
davon lösen, immer nur für
andere zu sorgen.

Damit die Romantik sich entfalten
kann, muss sich eine Frau im Alltag
beachtet und verstanden fühlen.

Wenn ein Mann keine Übung
darin hat, einer Frau zuzuhören
und sie zu verstehen, oder wenn
die Frau sich weigert, ihre
Gefühle mit ihm zu teilen, fühlt
sie sich mit der Zeit unbeachtet
und verliert das Interesse an ihm.

Wenn das geschieht, haben
romantische Avancen des Mannes
nicht denselben Zauber.

Romantische Rituale, die
ausdrücken: »Ich liebe dich und
will, dass es dir gut geht«,
können eine Liebeserklärung
ohne Worte sein.

Romantik vereinfacht die
Kommunikation.

Romantische Rituale sind
einfache Handlungen, die ihr
mitteilen, dass er sie liebt und ihr
etwas Gutes tun möchte.

Das Prinzip, dass man im
Zweifelsfall um das bitten sollte,
was man will, gilt auch für
romantische Rituale.

Es ist romantischer, wenn der Mann seine Partnerin unaufgefordert zur Begrüßung umarmt. Aber wenn er es vergisst, erinnert man ihn besser daran, als darauf zu verzichten und es ihm dann nachzutragen.

Eine Frau kann bei einem Essen zu zweit etwas zur romantischen Stimmung beitragen, indem sie zu erkennen gibt, dass sie sich wohl fühlt und das Ambiente und das Essen genießt.

365 LIEBEVOLLE ANREGUNGEN

179

Ein romantisches Ritual beim Essen in einem Restaurant kann darin bestehen, dass er sie nach ihren Wünschen fragt und dann für sie bestellt.

Er muss es nicht immer tun, aber wenn er es tut, macht es das Essen zu etwas Besonderem. Er zeigt ihr damit, dass er auf sie eingeht.

LEIDENSCHAFT LEBENDIG HALTEN

Wenn ein Mann eine Frau ausführt,
hat sie eine wunderbare
Gelegenheit, ihm besondere
Anerkennung zu zeigen. Wenn sie
das zu schätzen weiß, was er ihr
bietet, lässt dies die Intimität
zwischen ihnen wachsen.

Ein Mann hat die
romantischsten Gefühle, wenn
sie ihm zeigt, dass er sie glücklich
machen kann.

So wie eine Frau die kleinen
Geschenke und fürsorgliche
Aufmerksamkeit des Mannes als
romantische Liebesbeweise
empfindet, fühlt sich ein Mann
stärker geliebt und der Romantik
zugeneigt, wenn seine
Bemühungen Anerkennung
finden.

Romantik macht gute
Kommunikation viel einfacher.

Romantik heißt Aufmerksamkeit
für die kleinen Dinge. Sobald
Männer und Frauen einander als
etwas Selbstverständliches
betrachten, geht die Romantik
verloren.

Romantische Rituale sorgen dafür,
dass ein Mann immer etwas tun
kann, um die Liebe seiner
Partnerin zu gewinnen. Die Frau
hingegen bekommt durch sie die
besondere Aufmerksamkeit und
Unterstützung, die sie braucht,
um sich auf Dauer zu ihrem
Partner leidenschaftlich
hingezogen zu fühlen.

Wenn ein Mann romantische Dinge
tut, fühlt nicht nur er sich charmant
und hinreißend, sondern er
verstärkt auch bei ihr das Gefühl,
geliebt und umsorgt zu werden.

Männer wollen einer Frau
Erfüllung geben, gehen aber
fälschlicherweise davon aus, dass
das, was sie selbst glücklich
macht, auch ihre Partnerin
glücklich macht.

Für eine Frau ist es erregend, wenn
ein Mann sie im Alltag berührt oder
ihre Hand hält. Im Stadium der
ersten Verliebtheit sind die
meisten Männer zum
Händchenhalten bereit, aber
nach einer Weile hören sie damit
auf. Das ist ein großer Verlust.

Wenn wir liebevoller
miteinander umgehen und uns
öfter berühren, sind wir erstaunt,
welchen Unterschied das macht.

LEIDENSCHAFT LEBENDIG HALTEN

Eine Frau mag es, wenn ein Mann
sich ihr auf diese Weise nahe fühlen
will. Sie fühlt sich nicht geliebt,
wenn er sie nur dann berührt,
wenn er Sex haben will.

Wenn eine Frau sexuell erregbar sein
soll, sollte ihr Partner sie viele Male
am Tag liebevoll berühren, wenn er
gerade keinen Sex will. Er kann
ihre Hand halten, seinen Arm um
sie legen, ihre Schultern oder
Arme streicheln – alles ohne
anzudeuten, dass er Sex will.
Wenn er sie nur berührt, wenn
es um Sex geht, beginnt sie sich
benutzt und als selbstverständlich
betrachtet zu fühlen.

LEIDENSCHAFT LEBENDIG HALTEN

Durch Berührungen kann man sich nicht nur jederzeit einander nahe fühlen, sondern sie glätten manchmal auch die Wogen stürmischer Zeiten und bringen unsere liebevollen Gefühle füreinander wieder zum Vorschein.

Auch wenn wir die Liebe aus den Augen verlieren, können wir sie mit Geduld und der richtigen Anleitung wiederfinden.

Wenn wir uns geliebt fühlen, passiert
etwas Magisches: Unsere Herzen
sind erfüllt von der warmen Glut
des Verzeihens, und wir fühlen
uns von einer neuen Energie
durchdrungen, die uns hilft,
unsere Hoffnungen und Träume
in die Tat umzusetzen.

Paare können im Laufe eines
Lebens zusammen in Liebe
wachsen, aber dazu ist die
Bereitschaft zum Lernen
und Üben erforderlich.

LEIDENSCHAFT LEBENDIG HALTEN

Auch mit den besten Absichten
verlieren wir manchmal die
Orientierung und den Kontakt zu
der Liebe in unserem Herzen.

Wie zwei gute Freunde, die sich
nach langer Suche voller Freude
wiederfinden, können sich
Männer und Frauen auf
magische Weise immer wieder
neu ineinander verlieben.

Mögen Ihre Liebe und Leidenschaft stetig wachsen. Genießen Sie dieses Gottesgeschenk – Sie verdienen es.

BESTSELLERAUTOREN VON
Mosaik bei GOLDMANN
IM SYMPATHISCHEN TASCHENFORMAT

16404

16400

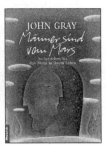

16403

16405

16401

16402